16
나무가 된 바우키스와 필레몬

주니어RHK

신화의 가치

신화는 한 민족의 기원이나 역사적 · 종교적 · 문화적 삶의 모습을 보여 주는 옛이야기입니다. 주로 신과 영웅에 관한 이야기가 많고, 오랫동안 입에서 입으로 전해 내려왔다는 특징이 있지요.

우리가 살펴볼 그리스 로마 신화는 고대 그리스와 로마에 전해 오는 신화와 전설을 한데 묶은 것입니다. 그리스 로마 신화는 고대의 삶을 엿보게 해 주는 문화유산일 뿐만 아니라, 세계 여러 나라의 문학과 미술에 큰 영향을 끼쳤습니다. 하지만 문화적 가치만큼이나 중요한 것이 또 있습니다. 오래된 옛이야기이면서도 거기에 담긴 교훈적 가치가 오늘날에도 여전히 쓸모 있고 중요하다는 사실입니다.

놀랍지 않나요? 수천 년 전의 이야기가 어떻게 과학 문명이 고도로 발달한 오늘날에도 통하는 것일까요? 그것은 바로 그리스 로마 신화에 나오는 신과 영웅의 모습이 오늘날 우리의 모습과 다르지 않기 때문입니다. 신들도 우리처럼 분노하고, 질투하고, 실수를 하지요. 그런 모습을 보면서 우리는 깔깔 웃거나 눈물을 흘리고, 교훈과 감동을 얻습니다. 우리가 그리스 로마 신화를 읽어야 하는 까닭이 바로 이것입니다.

신화의 세계로 떠날 여러분에게 한마디 덧붙이자면, 신화는 우리에게 끝없는 상상력을 요구한다는 점입니다. 신화 속에는 수많은 은유와 상징이 곳곳에 널려 있지요. 따라서 신화를 읽을 때에는 상상력을 최대한 발휘하여 신화 속에 숨겨진 의미를 찾고, 그것을 자기 나름대로 재해석하는 과정이 필요합니다. 이렇게 읽었을 때에야 비로소 여러분 앞에 놀라운 삶의 이야기가 펼쳐질 것입니다.

자, 그럼 흥미진진한 신화의 세계 속으로 함께 떠나 볼까요?

나그네로 변장한 제우스와 헤르메스는

바우키스와 필레몬의 집에서 극진한 대접을 받습니다.

제우스와 헤르메스는 두 노인에게 자신들의 정체를 밝히고

인정 없는 마을 사람들에게 벌을 내리기로 합니다.

마을 사람들은 과연 어떻게 될까요?

주요 등장인물

제우스

올림포스 신들의 왕이에요.
인간 세상을 살피러 마을에 왔다가
불친절한 태도에 실망해요. 마을 사람들에게는
벌을 내리고 착한 두 노인에게는 상을 줘요.

헤르메스

제우스의 아들로, 꾀가 많고 영리해요.
바우키스와 필레몬의 따뜻한 대접에
몹시 감동해요.

바우키스

프리기아 땅, 어느 마을에 사는 가난한 노인이에요.
남편 필레몬과 함께 다정하게 살아가던 중
제우스와 헤르메스가 방문을 하자
따뜻하게 대접해요. 그 덕분에
남편과 함께 목숨을
건져요.

필레몬

바우키스의 남편이에요.
마음씨가 착하고 인정이 많아서,
사람으로 위장한 제우스와 헤르메스를
바우키스와 함께 잘 대접해요. 아내와
평생토록 함께할 수 있는 은총을 입어요.

1
정체를 밝힌 두 나그네

필레몬은 키가 큰 손님의 낡아빠진 누더기가
눈부신 빛에 휩싸이는 것을 보았습니다.
이윽고 그것은 곧 눈을 뜨고 보기 힘들 만큼
휘황찬란한 옷으로 바뀌었습니다.

필레몬은 바우키스에게 속삭였습니다.

"바우키스, 이분들은 *예사로운 손님이 아닌 것 같아요. 아마도 하늘의 신인 것 같소. 그런 분들에게 이렇게 초라한 음식을 대접했다니……."

바우키스와 필레몬은 제우스와 헤르메스에게 달려와 발 앞에 엎드렸습니다.

"죄송합니다. 저희가 두 분을 감히 몰라보고 이렇게 보잘것없는 음식을 대접했습니다. 부디 용서하십시오."

식사를 하던 제우스와 헤르메스는 깜짝 놀랐습니다. 헤르메스가 황급히 두 노인을 일으키려 했지만, 바우키스와 필레몬은 일어나지 않았습니다.

*예사로운 흔히 있을 만한.

“저희가 워낙 가진 것이 없어 제대로 대접하지 못했습니다. 부디 조금만 기다려 주십시오.”

필레몬은 엎드린 채 주변을 둘러보았습니다. 마침 집에서 기르는 작은 거위가 눈에 띄었습니다. 두 노인은 평소 귀한 손님이 오면 그 거위를 잡아서 대접하리라 생각하고 있었습니다. 말릴 틈도 없이 필레몬은 벌떡 일어나 거위를 잡으려고 뛰어다니기 시작했습니다.

"비록 자그마한 거위지만, 제가 맛있게 요리해 드리겠습니다. 조금만 기다리십시오!"

바우키스도 필레몬을 따라 거위를 쫓았습니다. 거위는 푸드덕거리며 *안간힘을 다해 달아났습니다.

*안간힘 어떤 일을 이루려고 몹시 애쓰는 힘.

"미안하다, 거위야! 이리 와, 제발 이리 오래도!"

당황한 바우키스가 외쳤습니다. 손에 닿을 듯 말 듯, 거위는 바우키스의 애를 태우며 요리조리 도망쳤습니다. 거위는 온 집 안을 헤집어 놓고는 마침내 제우스와 헤르메스의 다리 사이로 파고들었습니다. 그러고는 마치 살려 달라고 외치는 것처럼 꽥꽥거렸습니다. 필레몬은 제우스와 헤르메스의 틈에서 빠져나가려는 거위를 덥석 끌어안았습니다.

"필레몬! 그러지 마요. 우린 괜찮아요."

헤르메스가 나서서 필레몬을 말렸습니다. 그때였습니다.

"그렇다, 필레몬, 이제 그만해도 된다."

바우키스와 필레몬이 차린 식탁

〈제우스와 헤르메스, 바우키스와 필레몬〉 페테르 파울 루벤스

바우키스와 필레몬의 식탁 풍경이에요. 빨간 옷을 입고 모자를 쓴 헤르메스가 필레몬과 이야기를 나누고 있어요. 그 옆에서 바우키스는 도망가는 거위를 잡으려고 날개를 꼭 붙들고 있네요. 그리고 제우스는 그런 바우키스의 모습을 유심히 지켜보고 있답니다.

고개를 든 필레몬은 키가 큰 손님의 낡아빠진 누더기가 눈부신 빛에 휩싸이는 것을 보았습니다. 이윽고 그것은 곧 눈을 뜨고 보기 힘들 만큼 휘황찬란한 옷으로 바뀌었습니다. 키 작은 손님의 다 떨어진 신발과 모자도 황금 날개가 달린 모자와 신발로 바뀌었습니다.

바우키스와 필레몬은 *나가자빠질 만큼 깜짝 놀랐습니다. 자신들의 눈앞에 신들의 왕 제우스와 전령의 신 헤르메스가 나타난 것입니다. 바우키스와 필레몬은 넋이 나간 얼굴로 두 신을 번갈아 바라보았습니다.

*나가자빠지다 뒤로 물러나면서 넘어지다.

"필레몬, 그대의 진심을 알았으니
이제 *애꿎은 거위의 생명을
빼앗을 필요는 없다."

"당신들의
정성에 우린 정말
감동했다고요!"

제우스의 옆에서 헤르메스가 미소를 지었습니다.

*애꿎은 아무런 잘못 없이 억울한.

제우스는 말을 이었습니다.

"우린 인간 세상을 직접 살펴보려고 이 땅에 왔다. 허나 인간들은 우리를 무척 실망시켰지. 풍요롭고 아름다운 땅에 살면서도 *탐욕에 눈이 멀어 우리를 *업신여겼다. 그 벌은 결코 가볍지 않다. 나는 인심 고약한 이 마을에 벌을 내릴 것이다. 그러나 그대들에게는 벌을 내리지 않겠다."

바우키스와 필레몬은 갑작스러운 말에 놀라 서로의 얼굴만 바라보았습니다.

*탐욕 지나치게 탐하는 욕심.
*업신여기다 교만한 마음에서 남을 낮추어 보거나 하찮게 여기다.

2
제우스의 심판

제우스는 바우키스와 필레몬이 올라온 것을 확인하고는

손을 번쩍 들었습니다.

그러자 '우르릉 꽝!' 하는 엄청난 소리와 함께

하늘에서 비가 퍼붓기 시작했습니다.

"바우키스, 필레몬. 우리를 따라와요."

헤르메스는 나무 문을 열고 집 밖으로 나갔습니다.

"여보, 어쩌면 좋죠? 마을에 큰 벌을 내리신다는데……."

바우키스가 걱정스러운 눈으로 필레몬에게 말했습니다.

"일단 저분들을 따라갑시다."

필레몬은 바우키스의 손을 꼭 잡았습니다. 제우스와 헤르메스는 두 노인을 언덕 위로 이끌었습니다. 두 노인은 한 손에 지팡이를 쥐고 나란히 언덕을 올랐습니다. 거위도 꽥꽥대며 열심히 노인들의 뒤를 따랐습니다.

바우키스와 필레몬은 언덕을 오르다 말고, 걱정스러운 눈길로 뒤를 돌아보았습니다.

마을의 불빛이 점점 희미해졌습니다.

"이제 거의 다 왔어요, 힘을 내요."

헤르메스가 두 노인을 이끌어 주었습니다. 이윽고 언덕 위에 다다르자 온 마을이 한눈에 들어왔습니다.

제우스는 바우키스와 필레몬이 올라온 것을 확인하고는 손을 번쩍 들었습니다. 그러자 '우르릉 쾅!' 하는 엄청난 소리와 함께 하늘에서 비가 퍼붓기 시작했습니다. 무시무시한 벼락도 떨어졌습니다.

"필레몬……."

바우키스는 몸을 떨며 필레몬의 손을 꼭 잡았습니다. 필레몬도 깜짝 놀라 하늘을 올려다보았습니다. 갑자기 쏟아진 비는 점점 더 거세졌습니다. 마치 양동이로 물을 쏟아 붓는 것처럼 엄청난 빗물이 마을로 흘러들었습니다. 갑작스러운 빗줄기에 마을은 큰 *혼란에 휩싸였습니다.

*혼란 뒤죽박죽이 되어 어지럽고 질서가 없음.

언덕 위에 오른 바우키스와 필레몬

〈필레몬과 바우키스가 있는 풍경〉 페테르 파울 루벤스

바우키스와 필레몬이 언덕에 오르자 갑자기 폭우가 쏟아지기 시작했어요. 하늘에는 먹구름이 가득 끼고 빗물이 세차게 흘러가요. 뿌리가 뽑힌 나무들이 떠내려갈 정도로 거센 빗물은 마을까지 집어 삼킬 듯해요. 한쪽에는 제우스와 헤르메스, 그리고 바우키스와 필레몬이 무섭게 쏟아져 내리는 빗물을 바라보고 있어요.

“아니, 갑자기 이게 웬 비야! 여봐라, 창고가 물에 잠기지 않게 빨리빨리 움직여라!”

사람들은 곡식이며 재물이 떠내려갈까 봐 하인들을 다그쳤습니다. 하지만 사람들이 우왕좌왕하는 사이에 물은 빠른 속도로 차올랐습니다. 창고에 가득 쌓아 놓은 식량도, 집 안에 꽁꽁 숨겨 둔 금은보화도 하나도 남김없이 떠내려갔습니다.

뒤늦게 사람들은 재산을 챙길 때가 아니라는 것을 알았습니다. 사람들은 목숨이라도 건지려고 언덕을 향해 달렸습니다. 하지만 물살은 그보다도 빠르게 사람들을 집어삼켰습니다.

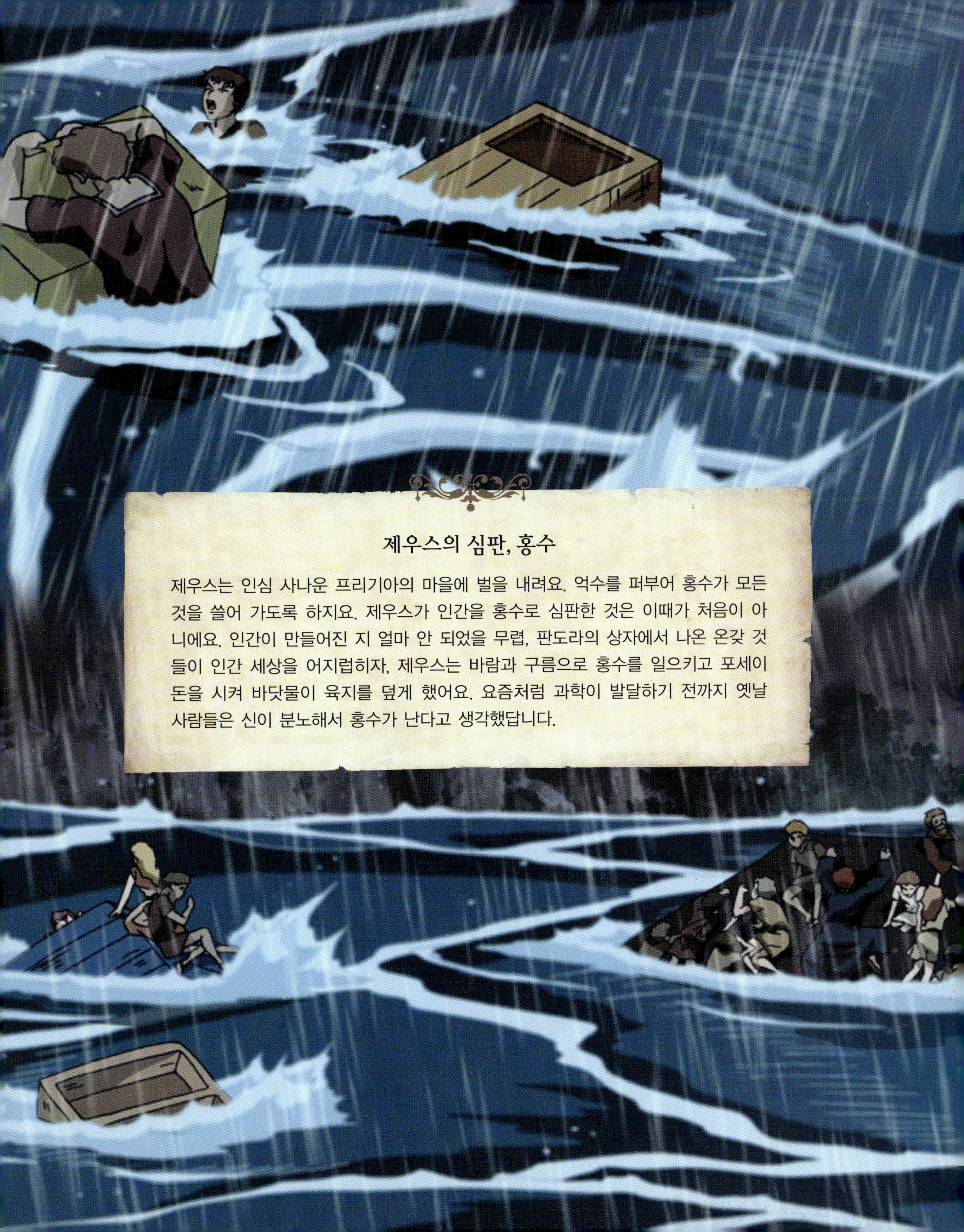

제우스의 심판, 홍수

제우스는 인심 사나운 프리기아의 마을에 벌을 내려요. 억수를 퍼부어 홍수가 모든 것을 쓸어 가도록 하지요. 제우스가 인간을 홍수로 심판한 것은 이때가 처음이 아니에요. 인간이 만들어진 지 얼마 안 되었을 무렵, 판도라의 상자에서 나온 온갖 것들이 인간 세상을 어지럽히자, 제우스는 바람과 구름으로 홍수를 일으키고 포세이돈을 시켜 바닷물이 육지를 덮게 했어요. 요즘처럼 과학이 발달하기 전까지 옛날 사람들은 신이 분노해서 홍수가 난다고 생각했답니다.

한편 언덕 위로 몸을 피한 바우키스와 필레몬은 차마 그 모습을 볼 수가 없었습니다.

"제우스 님, 부디 저들을 용서해 주세요. 저희가 대신 제우스 님께 사죄를 올리겠습니다."

두 노인은 제우스 앞에 엎드려 빌었습니다. 제우스는 그들을 안쓰러운 표정으로 바라보았습니다.

3
사람들을 구하러 간 필레몬

"영감! 살려 주시오. 살려 주시오!"

"필레몬, 날 살려 주면 내 재산의 절반을 주겠소!"

사람들은 필레몬이 타고 있는 나무를 향해 죽기 살기로 헤엄쳐 왔습니다.

그러고는 서로 먼저 나무 위로 기어오르려고 발버둥을 쳤습니다.

"좋다. 그렇다면 그대들을 봐서 마을 사람들에게 기회를 한 번 주겠다."

제우스가 다시 손을 치켜들자 어디선가 커다란 나무 한 그루가 나타났습니다.

"필레몬, 이 나무를 타고 마을로 내려가 사람들을 구하도록 해라."

"고, 고맙습니다. 제우스 님."

필레몬은 서둘러 나무에 올라탔습니다.

"여보, 조심하세요."

바우키스가 필레몬을 걱정스러운
얼굴로 바라보았
습니다.

마을은 이미 물에 잠겨 *아수라장이 되고 말았습니다. 빗물에 휩쓸린 사람들은 여기저기에서 *아우성을 쳤습니다.

"아, 저기 필레몬 영감이다!"

"영감! 살려 주시오. 살려 주시오!"

"필레몬, 날 살려 주면 내 재산의 절반을 주겠소!"

사람들은 필레몬이 타고 있는 나무를 향해 죽기 살기로 헤엄쳐 왔습니다. 그러고는 서로 먼저 나무에 기어오르려고 발버둥을 쳤습니다.

"저리 비켜! 내가 먼저 탈 거야!"

*아수라장 싸움이나 그 밖의 다른 일로 큰 혼란에 빠진 곳. 또는 그런 상태.
*아우성 떠들썩하게 기세를 올려 내지르는 소리.

“이거 왜 이래! 내가 먼저야!”

하지만 먼저 오르려고 다툴수록 나무에 오르는 것은 더 힘들었습니다. 필레몬은 앞다투어 기어오르는 사람들을 끌어 올리느라 진땀을 흘렸습니다.

대부분의 마을 사람들이 나무에 올랐지만 아직도 몇몇 사람들은 빗물 속에서 허우적대고 있었습니다. 사람들은 자신의 가족을 먼저 구하려고 서로 이리저리 떼밀었습니다.

"자리가 부족하잖아! 에잇!"

난리를 치는 사람들 때문에 필레몬은 그만 나무에서 떨어지고 말았습니다.

"으악! 살려 주시오!"

필레몬은 물에 빠져 허우적댔습니다. 하지만 필레몬을 구하려는 사람은 한 사람도 없었습니다. 이제 대부분의 마을 사람들이 나무 위에 올랐지만, 아무도 필레몬에게 신경을 쓰지 않았습니다. 다들 어서 나무가 출발하기만을 발을 동동 구르며 기다리고 있었습니다.

"자! 빨리 출발하라고! 비가 더 내리기 전에 어서 이곳을 빠져나가야 해!"

"출발해! 출발해!"

사람들은 목청 높여 소리를 질렀습니다.

"이, 이보시오. 제발 나 좀 건져 주시오!"

필레몬은 빗물에 휩쓸리며 죽을힘을 다해 외쳤지만, 어느 한 사람도 필레몬을 거들떠보지 않았습니다. 필레몬은 점점 정신이 희미해졌습니다.

4
바우키스와 필레몬의 소원

"한 가지 바람이 있다면 바우키스와 죽는 날까지 함께 있고 싶습니다.
그래서 한날 한시에 함께 저세상으로 가고 싶습니다."

"여보! 여보! 정신 차려요!"
필레몬의 눈앞에 바우키스의 모습이 보였습니다.

"바, 바우키스?"

정신이 든 필레몬은 깜짝 놀라 주위를 둘러보았습니다. 마을 사람은 한 명도 보이지 않고, 바우키스와 헤르메스, 제우스만이 자신을 내려다보고 있었습니다.

"필레몬, 이제 정신이 드는가?"

제우스가 필레몬에게 말을 걸었습니다. 슬픈 목소리였습니다.

"제우스 님, 이게 도대체……."

필레몬의 목소리가 떨렸습니다. 한 번의 기회를 더 주었는데도 반성하지 않는 인간들에게 결국 큰 벌이 내려지는 상황을 산꼭대기에서 지켜본 바우키스의 눈에서 눈물이 뚝 떨어졌습니다.

“그렇다, 필레몬. 그대들을 보아 마지막 기회를 주었건만, 저들은 그 기회마저 놓치고 말았다.”

필레몬과 바우키스는 고개를 떨어뜨렸습니다. 물에 떠내려가는 마을 사람들이 불쌍했지만 그들을 구할 방법은 이제 사라지고 없었습니다. 홍수가 휩쓸고 간 마을은 처참했습니다. 으리으리한 집들도, 먹을 것으로 가득 찼던 *곳간도 부서지고 쓰러졌습니다. 바우키스와 필레몬은 애처로운 마음으로 마을을 내려다보았습니다. 제우스는 그런 두 노인을 불렀습니다.

*곳간 물건을 간직하여 두는 곳.

"바우키스, 필레몬. 내 비록 사람들에게 벌을 주었지만, 그대들의 순수하고 아름다운 마음에 감동했네. 마지막으로 그대들의 소원을 들어주고 싶구나. 무엇이든 소원을 말해 보아라."

바우키스와 필레몬은 서로를 바라보았습니다.

"소원이라니요? 다 늙은 사람들이 무슨 소원이 있겠습니까?"

바우키스가 *손사래를 쳤습니다. 필레몬도 고개를 저었습니다.

"제우스 님. 저희는 특별한 소원이 없습니다. 여태껏 저희 둘이 오순도순 행복하게 살아왔으니까요."

필레몬은 눈물이 *그렁그렁한 바우키스의 손을 꼭 잡으며 말했습니다.

제우스와 헤르메스는 겸손한 바우키스와 필레몬을 흐뭇하게 바라보았습니다.

***손사래** 어떤 말이나 사실을 부인할 때 손을 펴서 휘젓는 일.
***그렁그렁한** 눈에 눈물이 넘칠 듯이 가득 괸.

필레몬은 잠시 생각하더니 말을 이었습니다.

"한 가지 바람이 있다면 바우키스와 죽는 날까지 함께 있고 싶습니다. 그래서 한날 한시에 함께 저세상으로 가고 싶습니다. 누가 먼저 세상을 뜨는 일 없이, 누가 혼자 남겨지는 일 없이 말입니다."

바우키스 또한 고개를 끄덕였습니다. 그녀가 바라는 것이 딱 하나 있다면 바로 그것이었기 때문입니다. 제우스는 바우키스와 필레몬의 사랑에 깊이 감동했습니다. 욕심 많은 마을 사람들의 모습에 실망했지만, 아름다운 사랑을 간직한 바우키스와 필레몬

역시 인간의 또 다른 모습이었습니다.

영원한 사랑

사랑은 신화의 주제로 자주 등장해요. 에로스와 프시케 같이 고난을 이기고 영원한 사랑을 얻어 낸 경우가 있는가 하면, 오르페우스와 에우리디케처럼 저승에 가서야 영원한 사랑을 얻는 경우도 있지요. 바우키스와 필레몬도 영원한 사랑의 아름다움을 보여 주고 있어요. 사랑하는 사람이 곁에 있을 때는 그 소중함을 깨닫기 힘들어요. 이 이야기는 곁에 있을 때 더욱 아끼고 사랑해야 한다는 것을 알려 주는 것 같아요.

제우스는 *흔쾌히 두 노인의 소원을 들어주기로 했습니다. 바우키스와 필레몬은 남은 평생을 제우스를 섬기며 살겠다고 다짐했습니다.

"제우스 님, 다음에 오실 때에는 부디 인간에게 실망하는 일이 없었으면 좋겠습니다."

"나도 그랬으면 좋겠구나. 헤르메스, 이제 우리는 올림포스로 돌아가자."

제우스와 헤르메스는 신비로운 빛과 함께 사라졌습니다.

"바우키스, 이제 우리도 가요."

*흔쾌히 기쁘고 유쾌하게.

집에 도착한 바우키스와 필레몬은 깜짝 놀랐습니다. 낡고 초라한 집은 온데간데 없이 사라지고, 으리으리한 신전이 보란 듯이 서 있었습니다. 그것은 바로 제우스가 두 노인이 남은 삶을 편안하게 보낼 수 있도록 세운 것이었습니다.

“썩은 나무 기둥이 대리석으로 바뀌었구려.”

“이제 비가 샐 염려도 없겠어요.”

두 사람을 따라온 거위도 새 집이 마음에 드는지 옆에서 꽥꽥댔습니다. 바우키스와 필레몬은 멋진 신전에서 제우스와 올림포스의 신들을 섬겼습니다. 그리고 예전처럼 열심히 일하고 소박하게 지냈습니다.

5
제우스의 선물

"바우키스, 이제 우리가 갈 때가 된 것 같아요."

"그렇지요, 필레몬?"

바우키스와 필레몬은 두 손을 꼭 잡았습니다.

두 노인의 얼굴에는 따스한 미소가 번졌습니다.

바우키스와 필레몬은 행복하고 *오붓하게 하루하루를 보냈습니다. 그러던 어느 날, 두 노인은 여느 때처럼 따스한 햇볕을 받으며 집 앞에 앉아 있었습니다. 그런데 그날 따라 기분이 몹시 편안해지는 것을 느꼈습니다.

"바우키스, 이제 우리가 갈 때가 된 것 같아요."

"그렇지요, 필레몬?"

바우키스와 필레몬은 두 손을 꼭 잡았습니다. 두 노인의 얼굴에는 따스한 미소가 번졌습니다.

"바우키스, 당신이 있어서 얼마나 행복했는지 몰라요."

*오붓하다 홀가분하면서 아늑하고 정답다.

"필레몬, 당신 덕분에 지금까지 살아왔어요."

두 노인은 제우스가 약속을 지켜 줄 것을 굳게 믿었습니다.

이윽고 바우키스와 필레몬의 몸이 서서히 굳기 시작했습니다. 낡은 신발을 신은 발부터 시작해서 발목, 종아리, 허리 그리고 몸 전체가 점점 나무로 변해 갔습니다.

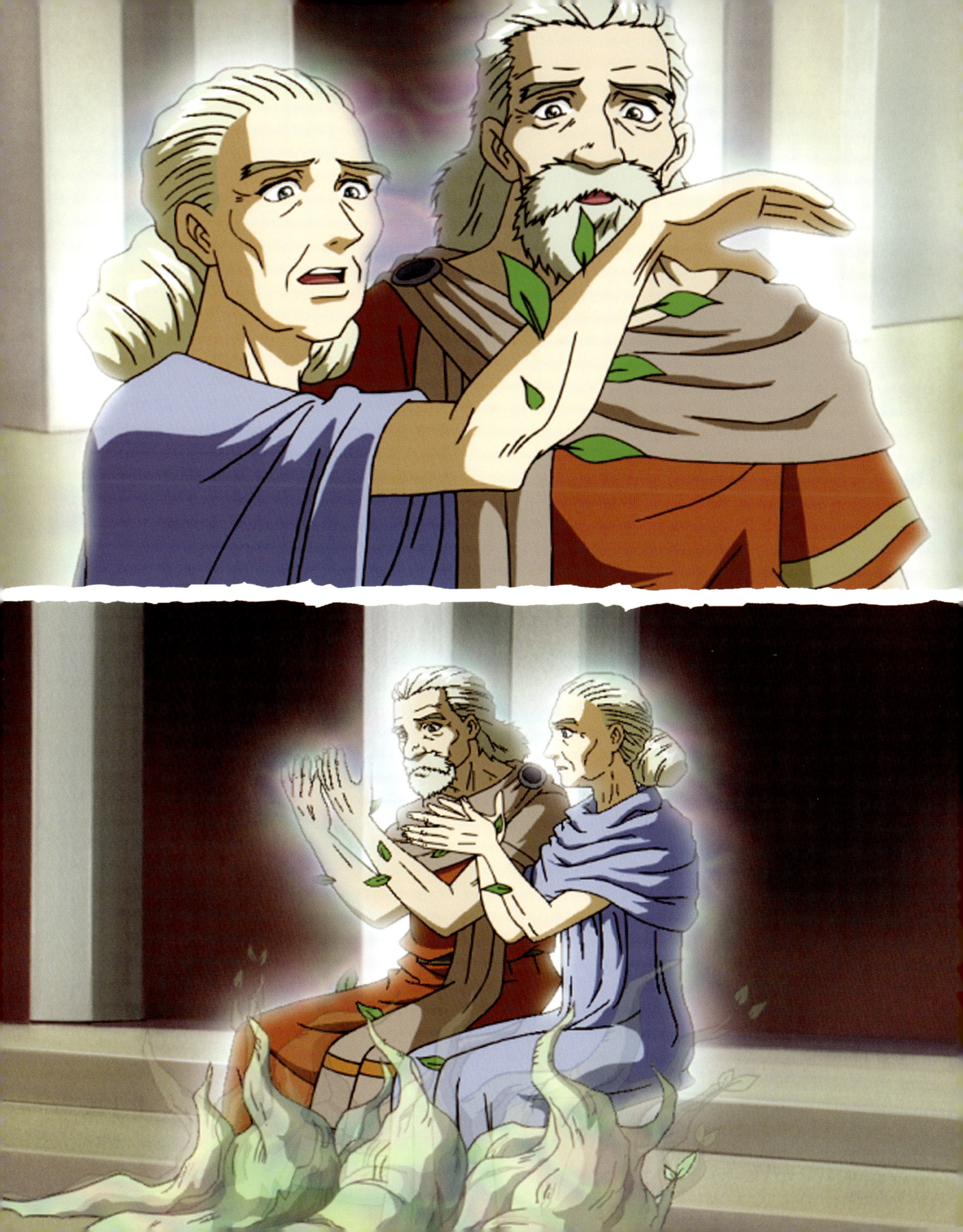

"우리가 나무가 되려나 봐요."

"비바람이 불어도 천년 만년 이 자리에서 함께할 수 있겠소."

두 노인이 앉았던 자리에는 이윽고 굵은 참나무 한 그루와 보리수 한 그루만이 남았습니다. 두 그루의 나무는 서로를 보살피듯 가지가 한데 어우러졌습니다.

한편 홍수에 휩쓸렸던 마을은 작은 강으로 변했습니다. 그래서 지금도 프리기아의 한 언덕에 가면 사이좋은 두 그루의 나무와 쓸쓸한 강을 볼 수 있답니다.

신화 뒷이야기 OLYMPUS GUARDIAN

마을 사람들에게 제우스와 헤르메스는 처음 보는 사람이었습니다. 사실 낯선 사람을 친절하게 맞이하는 것은 어려운 일입니다. 하지만 넓게 보면 나, 혹은 우리와 다른 것을 내치고 받아들이지 않으면 어떤 문화도 풍요롭게 발전할 수 없습니다. 나와 다름을 인정하고 새로운 것을 너그러운 마음으로 받아들였을 때, 비로소 더 나은 문화가 탄생하는 것이지요. 이 이야기는 이러한 점을 말해 주고 싶었는지도 모릅니다.

그렇다면 바우키스와 필레몬의 이야기처럼 착하게 행동하는 사람이 상을 받고 그렇지 못한 사람들이 벌을 받는다는 이야기는 오늘날에도 통할까요? 수많은 종교와 설화, 그리고 전해 내려오는 옛이야기에서 흔히 볼 수 있는 이야기가 바로 이런 상과 벌의 원칙입니다. 우리나라의 전래동화를 보아도 알 수 있지요. 제비 다리를 고쳐 준 흥부는 금은보화가 들어 있는 박을 갖게 되고, 일부러 제비 다리를 부러뜨린 놀부는 박에서 튀어나온 도깨비들에게 혼쭐이 납니다.

실제로는 바우키스와 필레몬처럼 무조건 착한 마음으로 남을 도와도 큰 상을 받기는 어렵습니다. 신화는 실제 우리가 살아가는 세상과는 다르기 때문입니다. 하지만 바우키스와 필레몬이 상을 받기 위해 착하게 산 것이 아니듯, 우리도 상을 바라고 벌을 피하기 위해서가 아니라 스스로 마음에서 우러나온 행동으로 남을 배려하며 살아야 할 것입니다. 제우스 같은 신이 상을 주지는 않지만, 이런 착하고 선한 마음들이 모여 살기 좋은 세상을 만들기 때문입니다. 그것이 바로 요즘 사람들이 받을 수 있는 최고의 상일 것입니다.

올림포스 신들의 계보

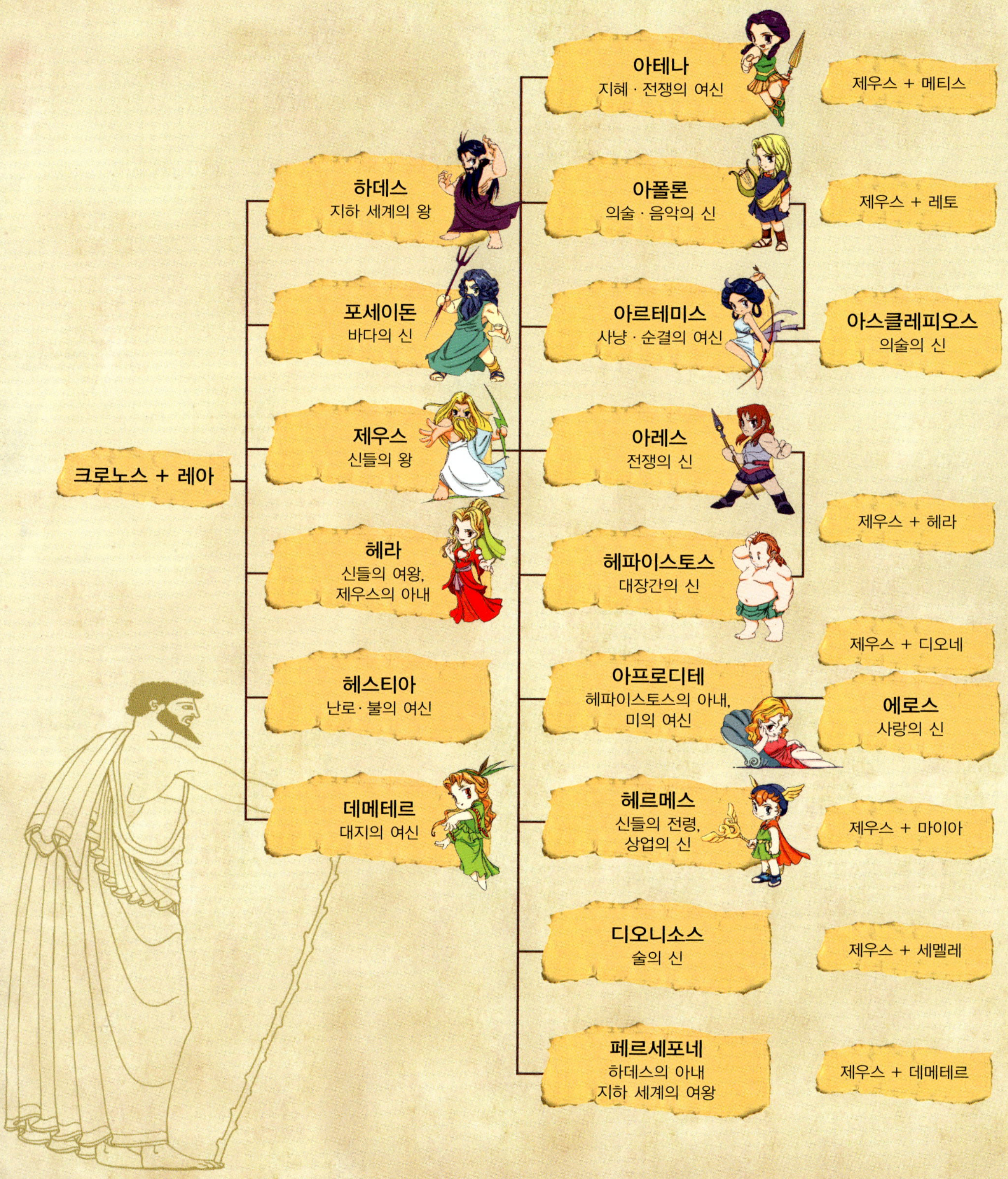

크로노스 + 레아
하데스
지하 세계의 왕
포세이돈
바다의 신
제우스
신들의 왕
헤라
신들의 여왕,
제우스의 아내
헤스티아
난로 · 불의 여신
데메테르
대지의 여신
아테나
지혜 · 전쟁의 여신
제우스 + 메티스
아폴론
의술 · 음악의 신
제우스 + 레토
아르테미스
사냥 · 순결의 여신
아스클레피오스
의술의 신
아레스
전쟁의 신
제우스 + 헤라
헤파이스토스
대장간의 신
제우스 + 디오네
아프로디테
헤파이스토스의 아내,
미의 여신
에로스
사랑의 신
헤르메스
신들의 전령,
상업의 신
제우스 + 마이아
디오니소스
술의 신
제우스 + 세멜레
페르세포네
하데스의 아내
지하 세계의 여왕
제우스 + 데메테르

✤ 그리스 로마 신화 주요 인물의 이름 ✤

그리스 어	로마 어	영어
가이아	텔루스	
니케	빅토리아	나이키, 빅토리
데메테르	케레스	세레스
디오니소스	바쿠스	바커스
레아	키벨레	시벨레
아레스	마르스	마스
아르테미스	디아나	다이애나
아테나	아테네, 미네르바	
아폴론	아폴로	아폴로
아프로디테	베누스	비너스
에로스	쿠피드, 아모르	큐피드
오디세우스	울릭세스	율리시스
우라노스	카일루스	유러너스
제우스	유피테르	주피터
크로노스	사투르누스	새턴
페르세포네	프로세르피나	
포세이돈	넵투누스	넵튠
하데스	플루톤	플루토
헤라	유노	주노
헤라클레스	헤르쿨레스	허큘리스
헤르메스	메르쿠리우스	머큐리
헤스티아	베스타	
헤파이스토스	불카누스	벌컨

그리스 로마 신화 올림포스 가디언 16
나무가 된 바우키스와 필레몬

펴낸이 양원석
펴낸곳 (주)알에이치코리아
등록 2004년 1월 15일 제2-3726호
주소 서울특별시 금천구 가산디지털2로 53, 20층 (한라시그마밸리)
문의전화 02)6443-8800

ISBN 978-89-255-4432-8(74800)
ISBN 978-89-255-4354-3(세트)

값 12,800원

원작 만화로 보는 그리스 로마 신화(가나출판사)
이광진 엮음, 홍은영 그림
명화 구입처 유로크레온(주)